Städte und Burgen

Ein Malbuch

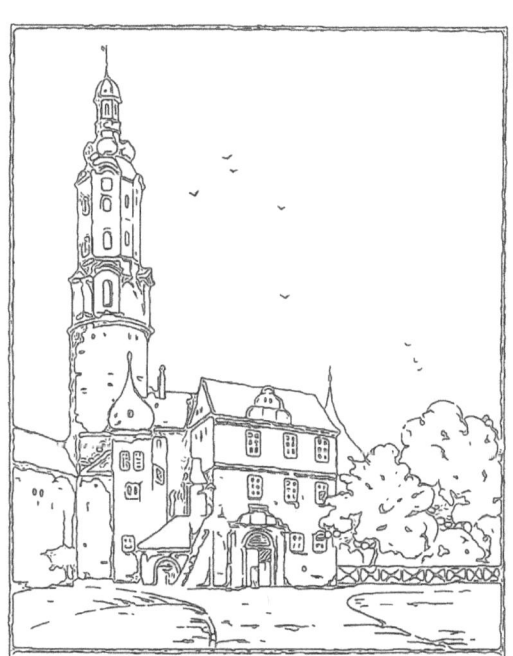

Caroline von Oldenburg

2017 Caroline von Oldenburg

Das Münchner Bilderbogen Malbuch Nr. 10
"Städte und Burgen"
Ein Malbuch
Umrisszeichnungen, Cover- und Buchgestaltung nach historischen Vorlagen:
Caroline von Oldenburg

Verlag und Herstellung: createspace

ISBN: 10: 1979615705
ISBN-13: 978-1979615709

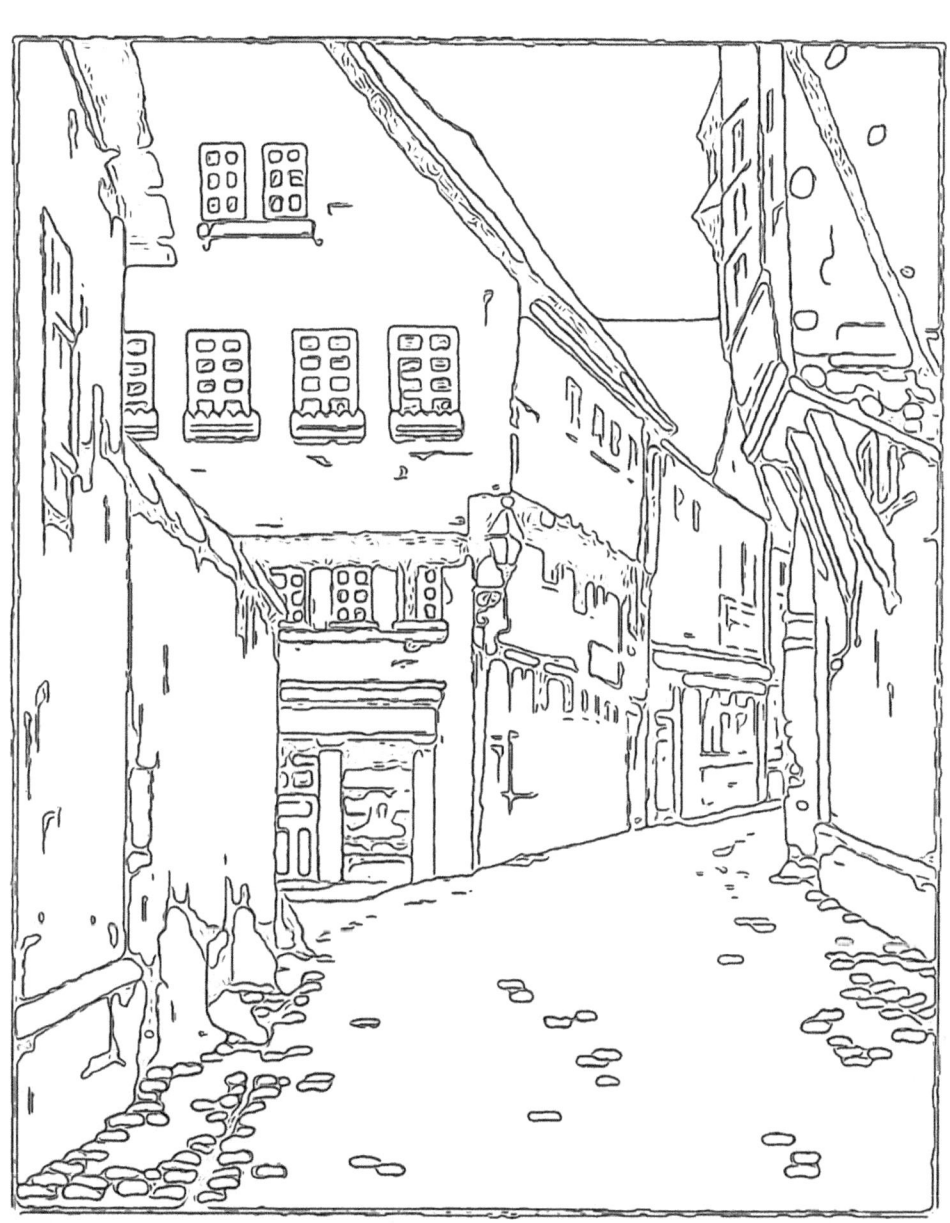

HILDESHEIM (MARKTPLATZ)

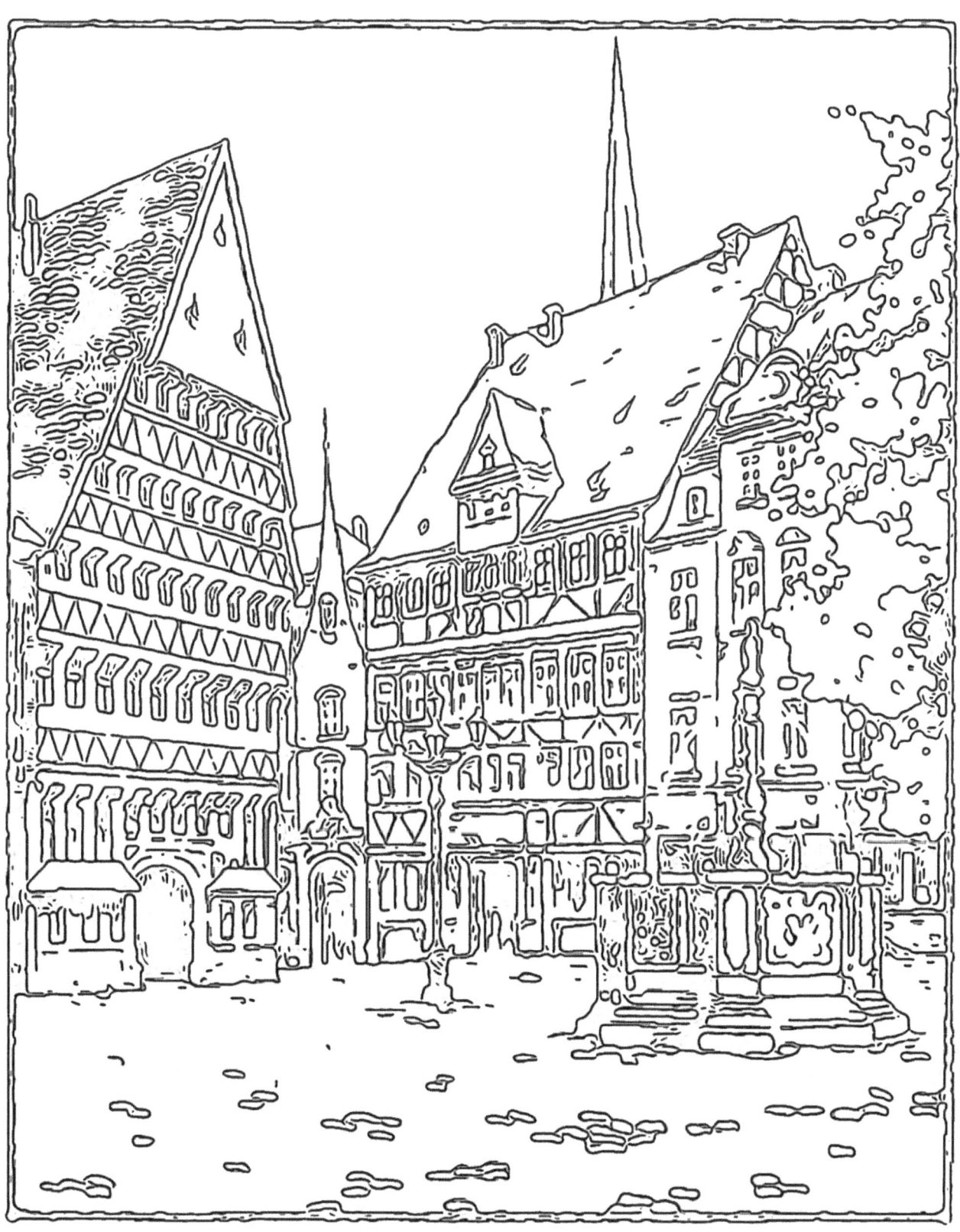

LIMBURG AN DER LAHN

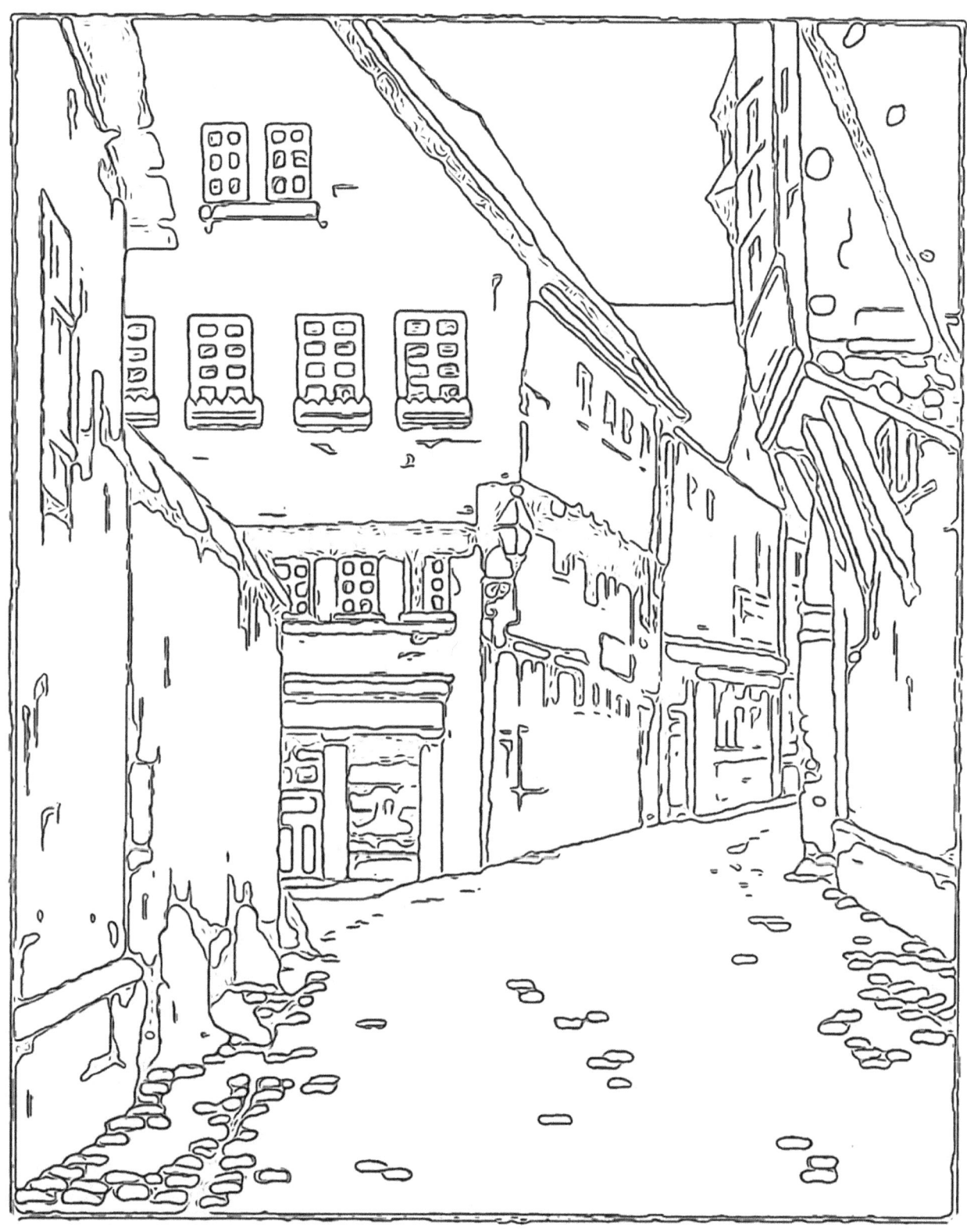

ROTHENBURG OB DER TAUBER

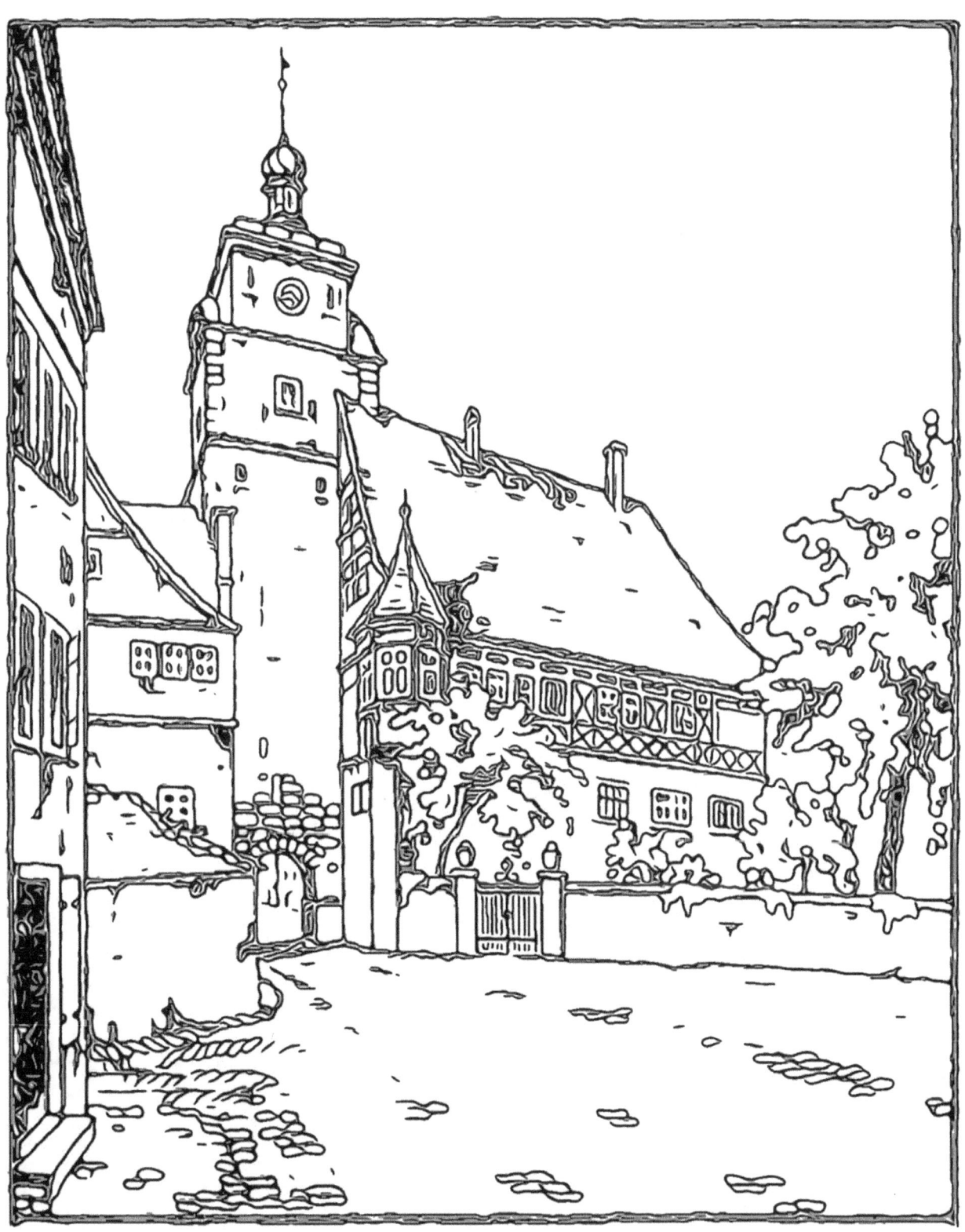

# NAUMBURG AN DER SAALE (DOM)

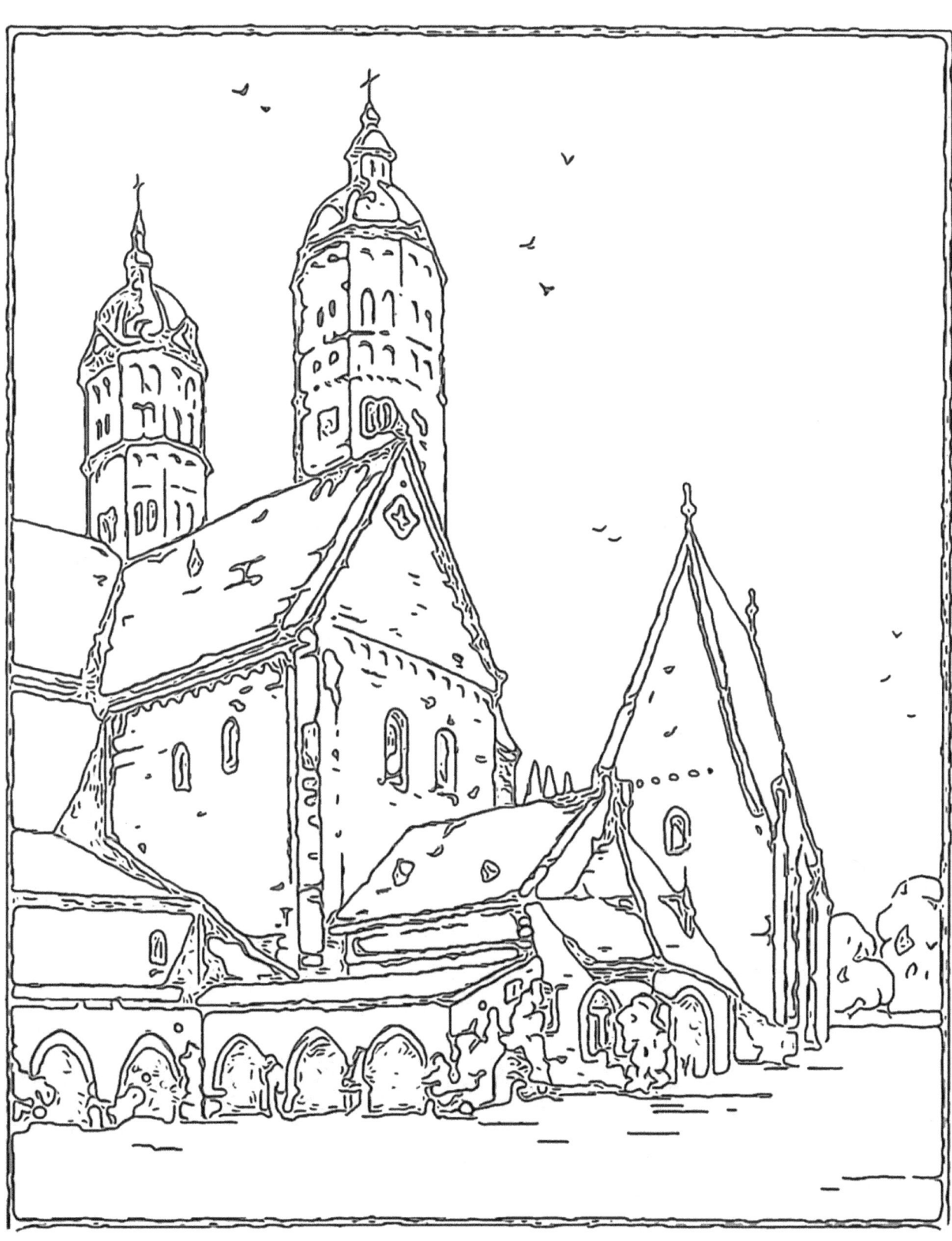

WEIMAR (RESIDENZSCHLOSS)

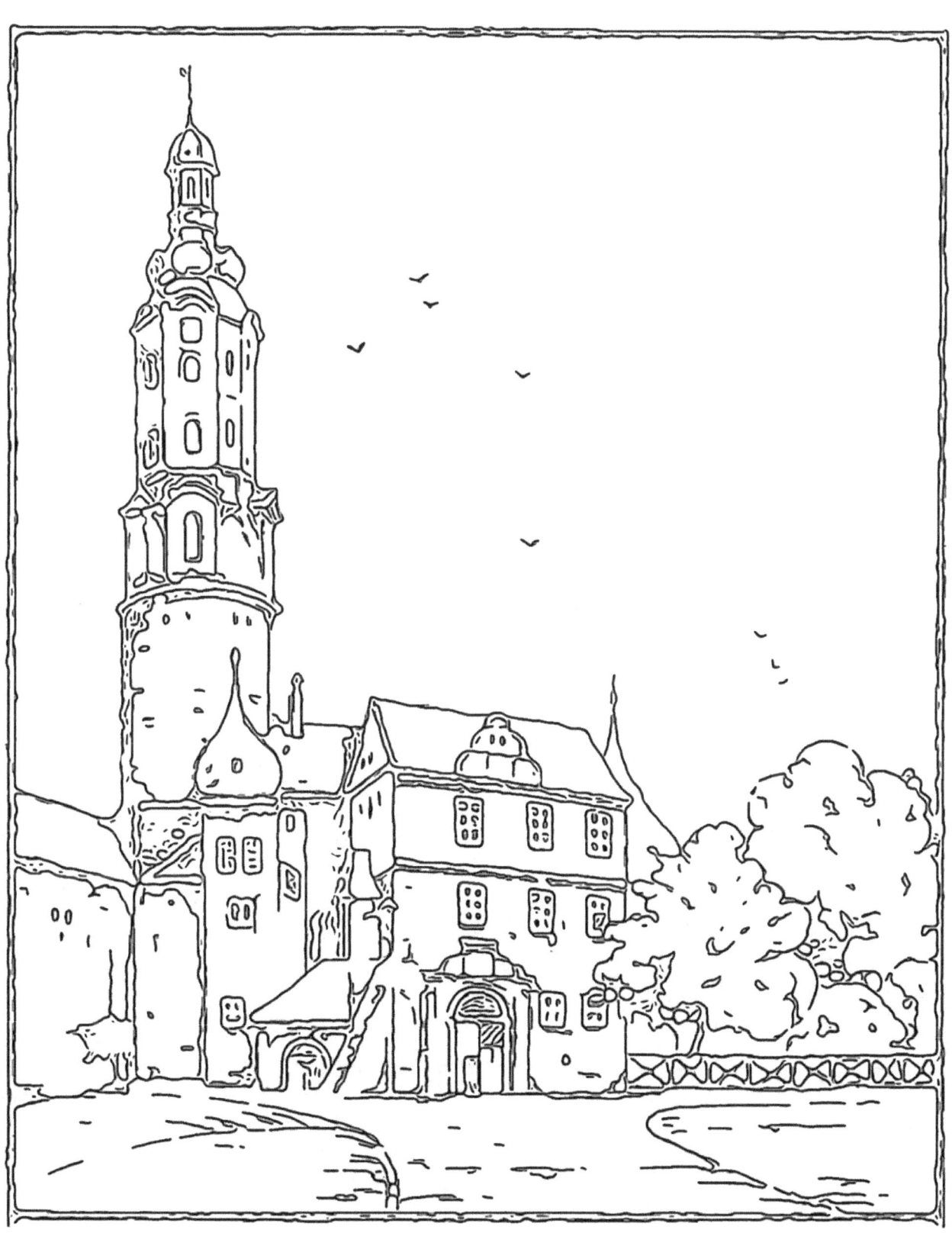

ARNSTADT IN THÜRINGEN
(RATHAUS)

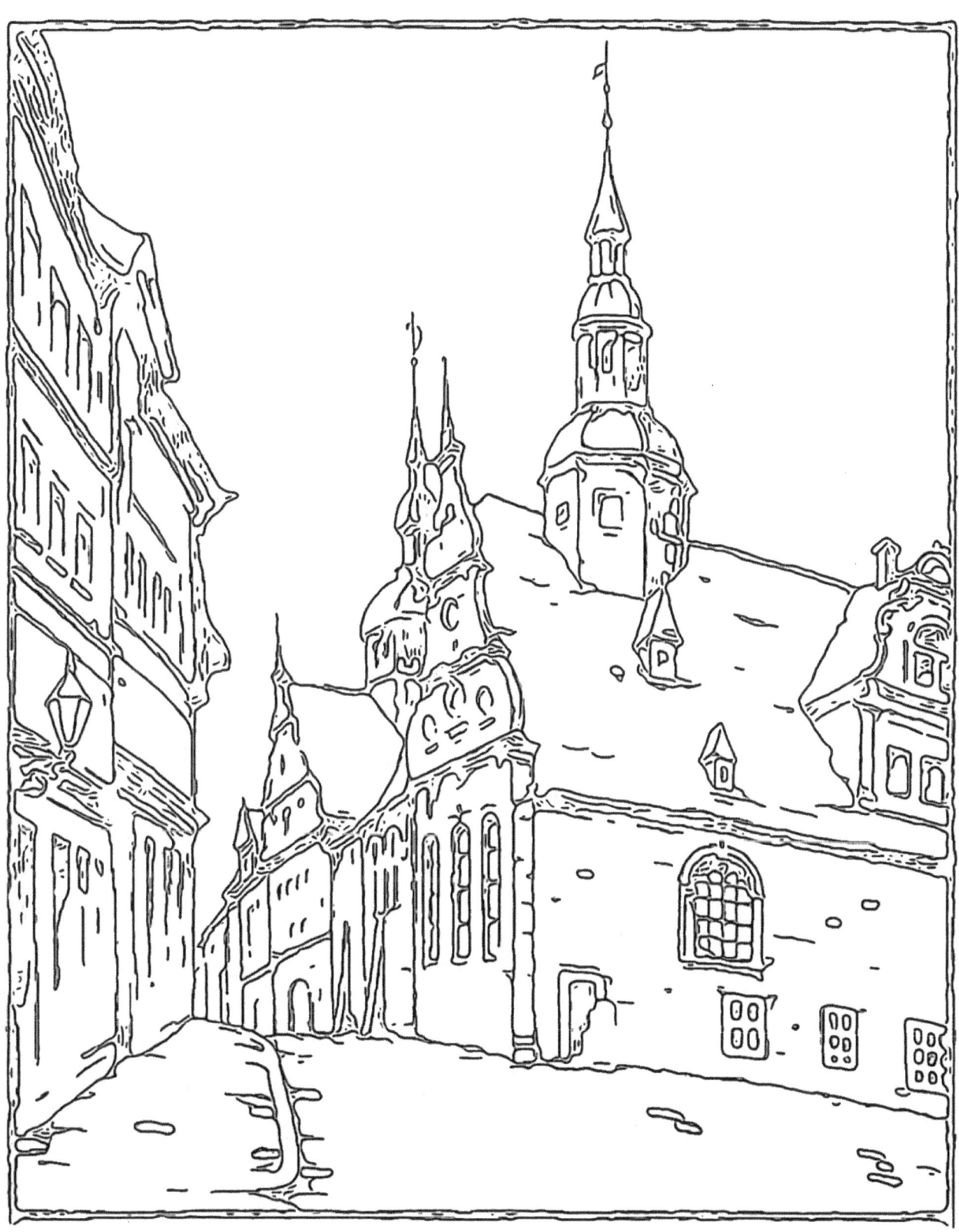

HANNOVER
(POTTHOFGASSE)

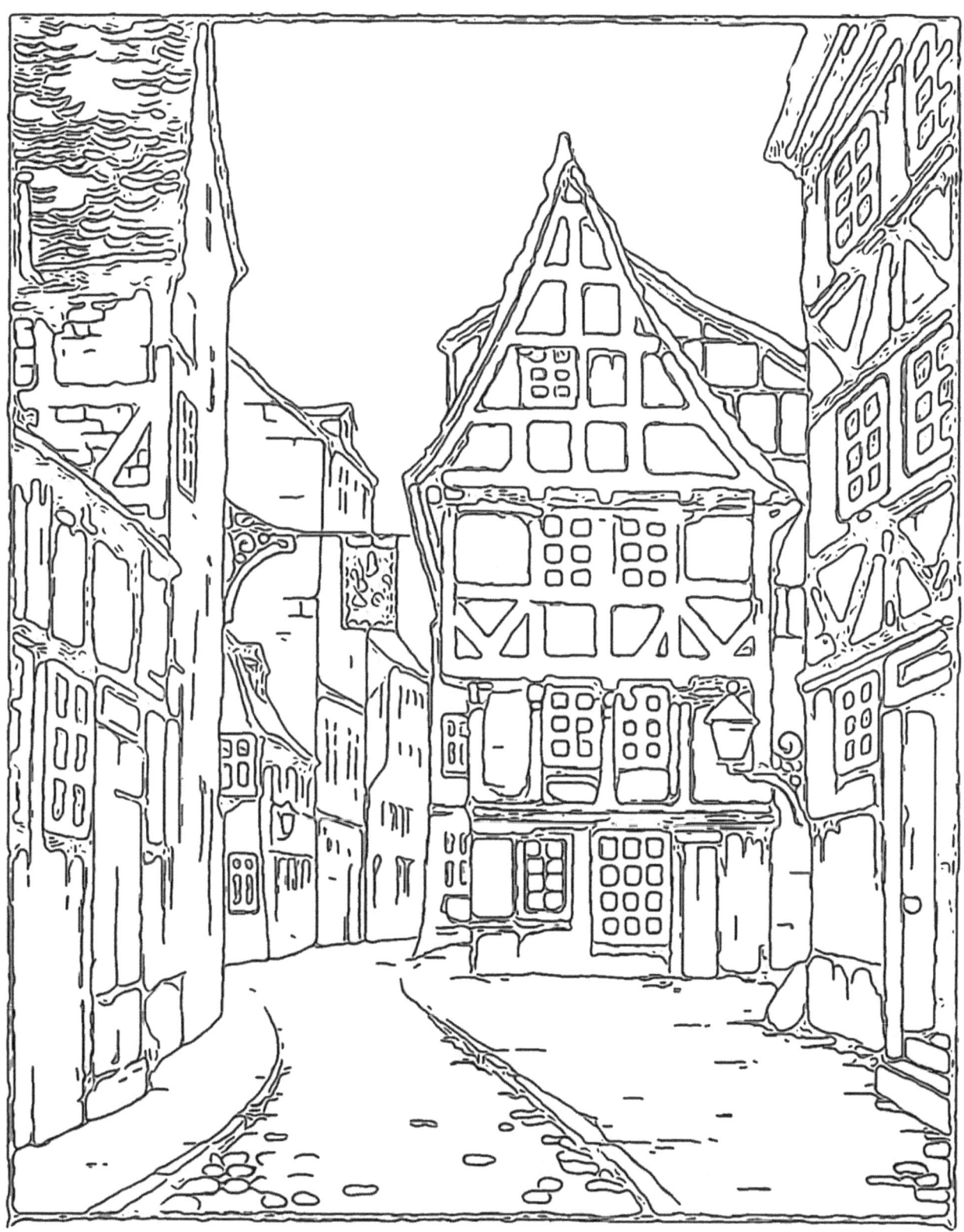

GOSLAR
(MARKTPLATZ UND RATHAUS)

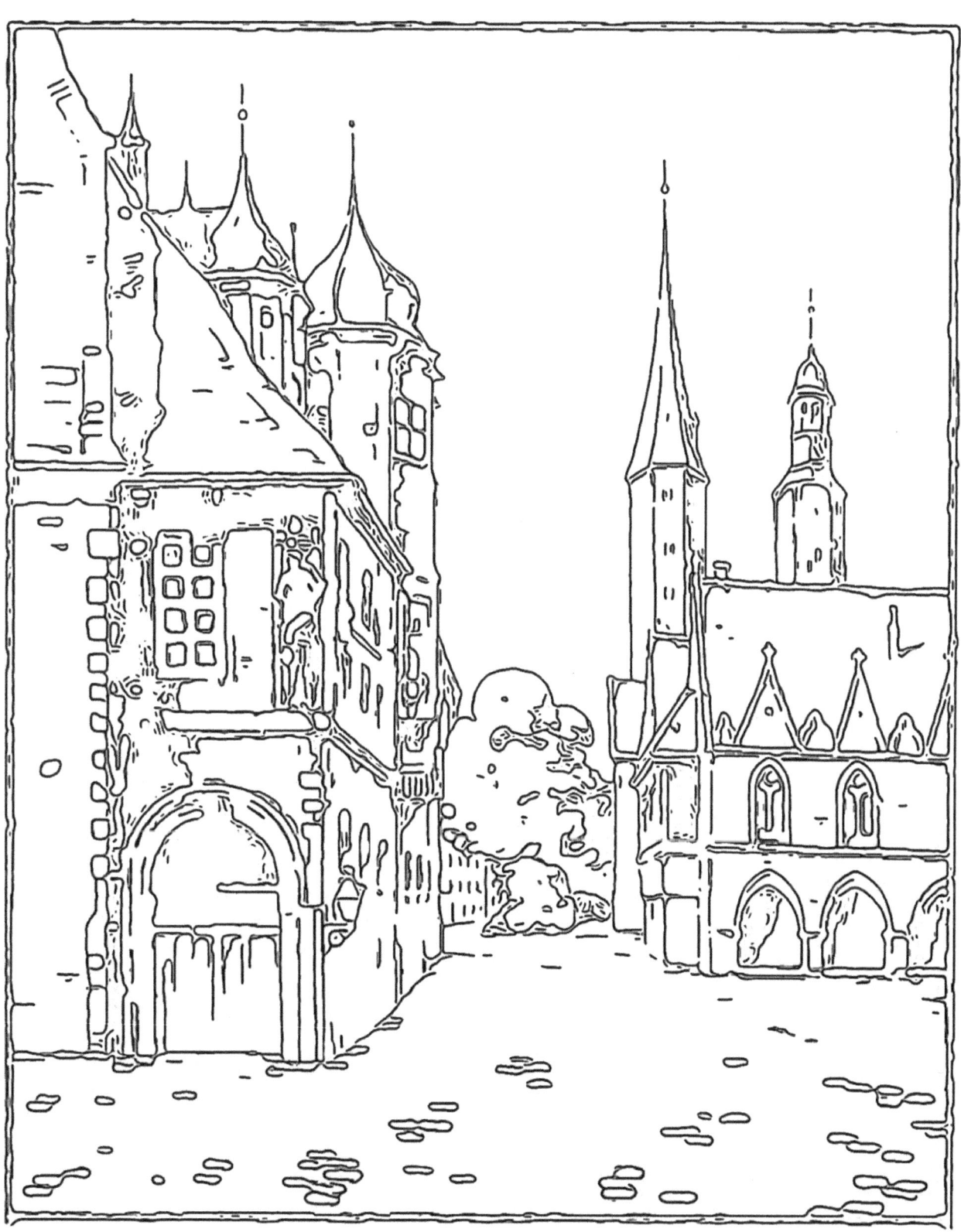

DIE PFALZ BEI KAUB

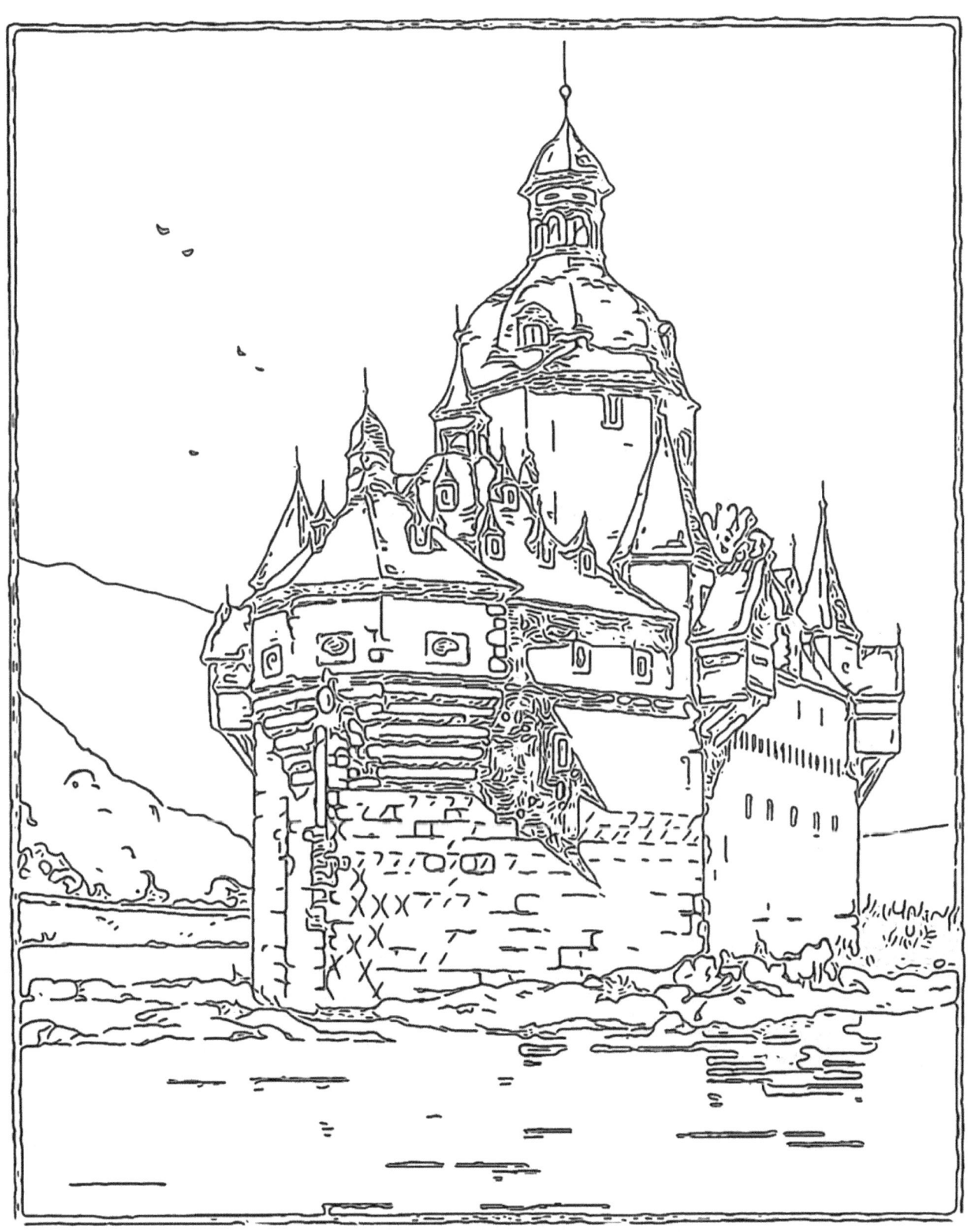

DAS HEIDELBERGER SCHLOSS

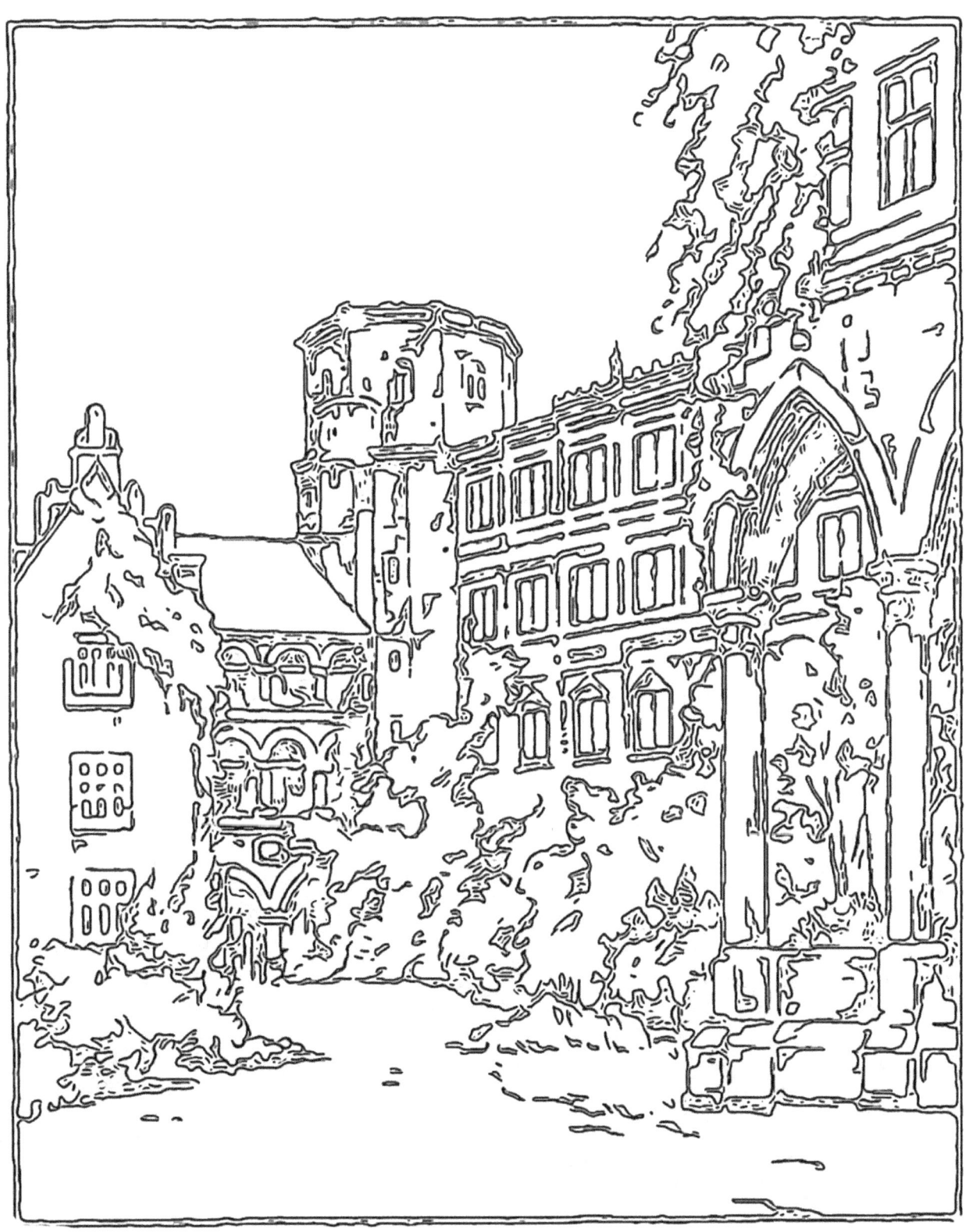

ALTES SCHLOSS
IN DIEZ AN DER LAHN

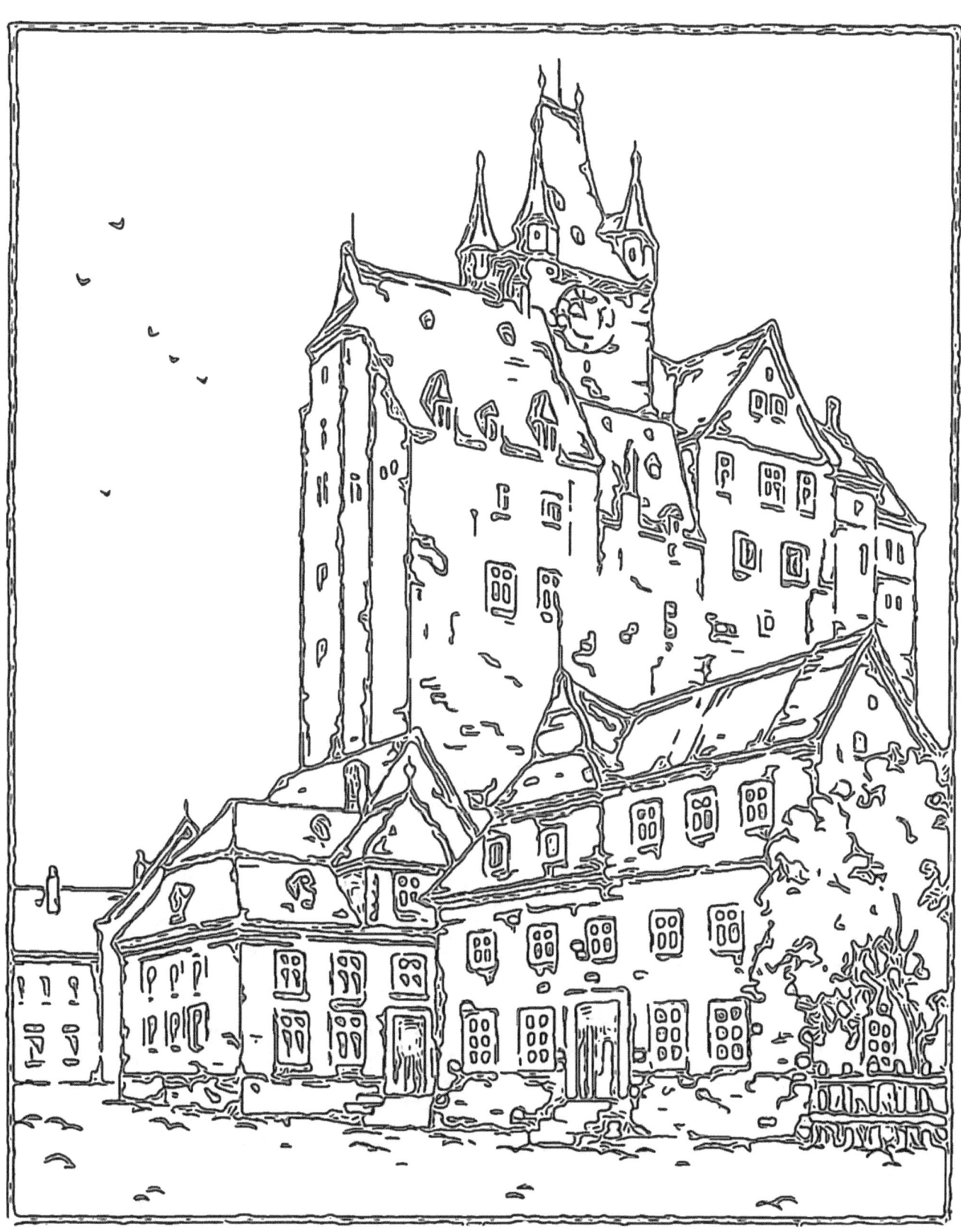

BURG ELTZ
AN DER MOSEL

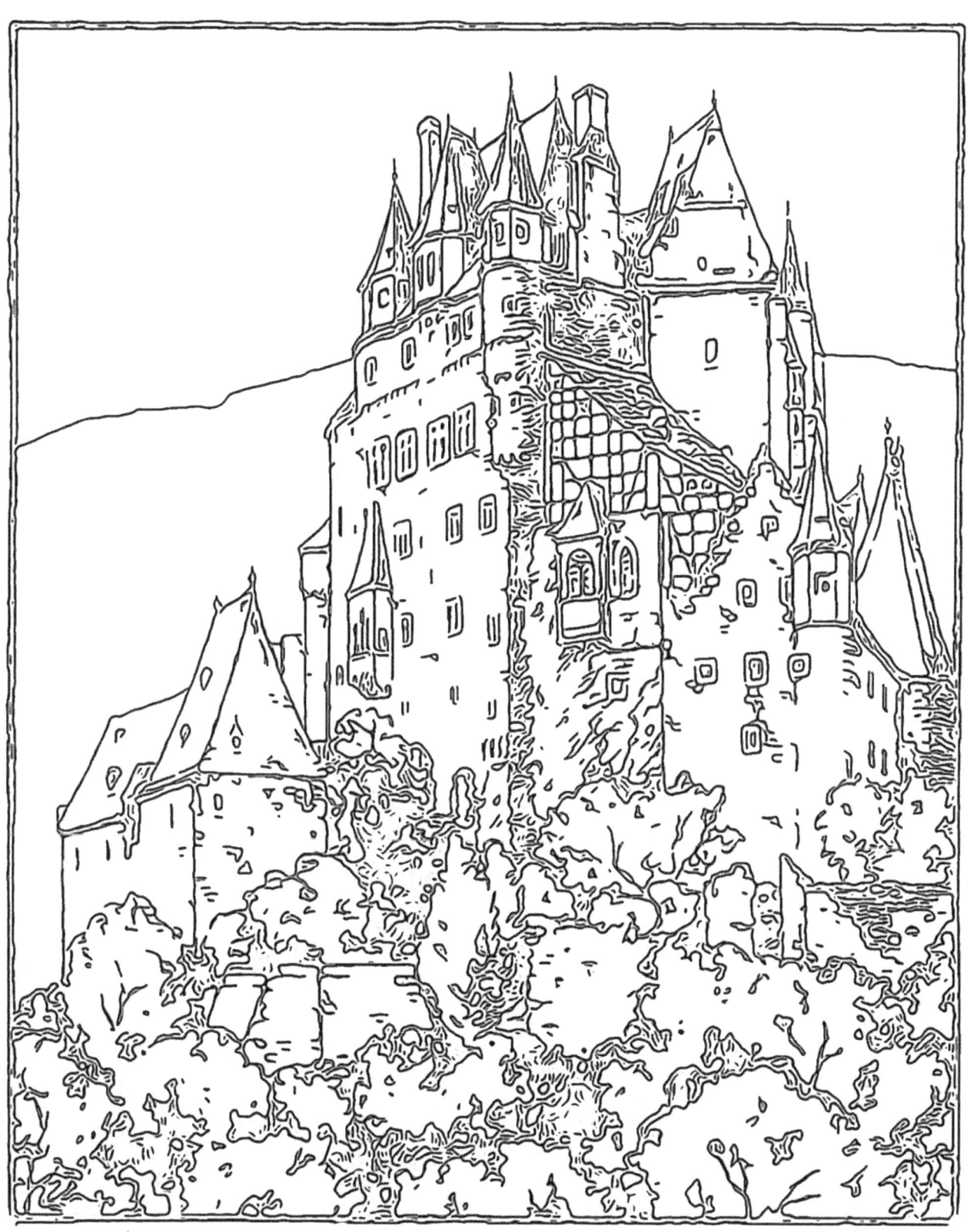

DIE MARKSBURG BEI BRAUBACH AM RHEIN

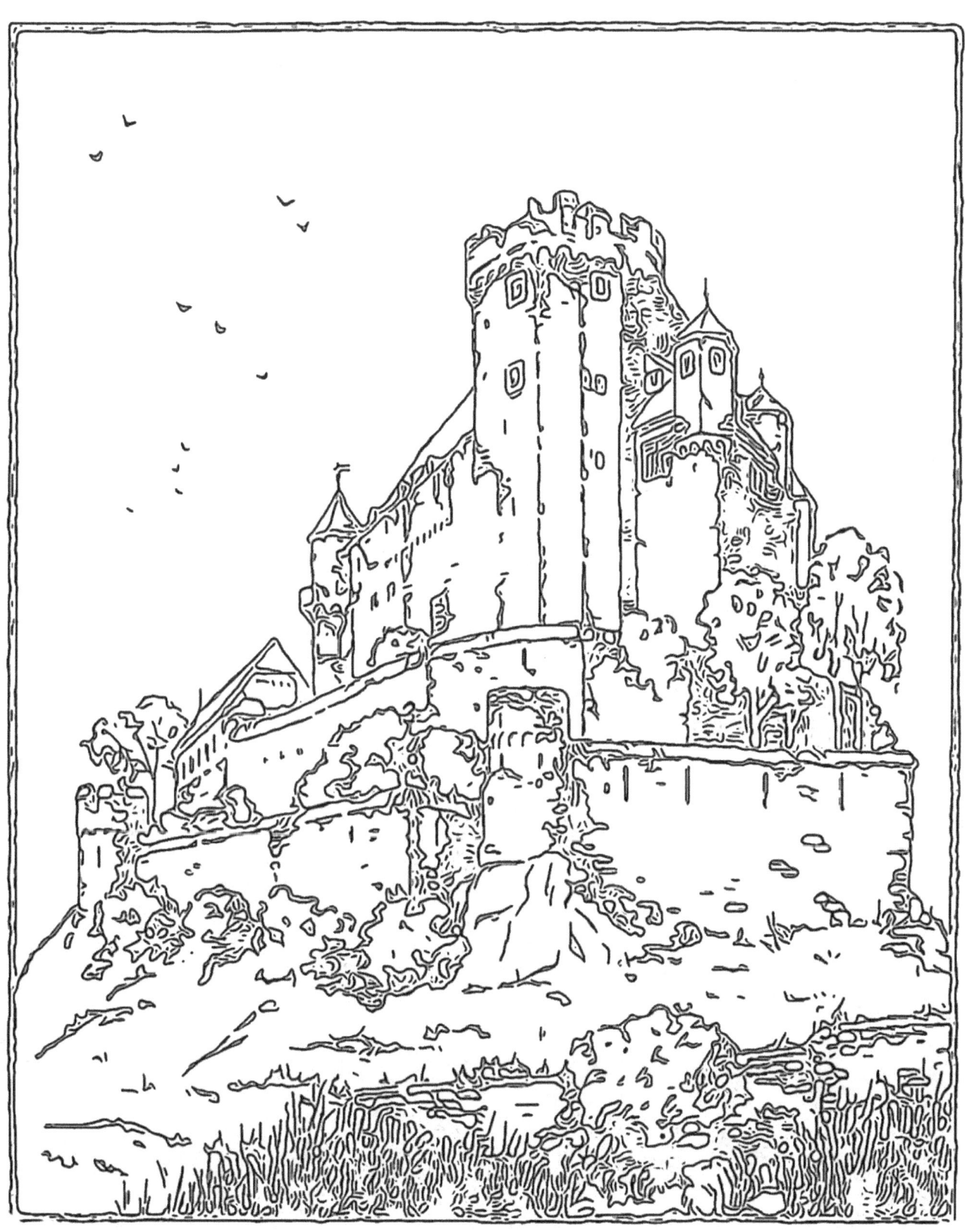

DAS SCHLOSS IN DETMOLD

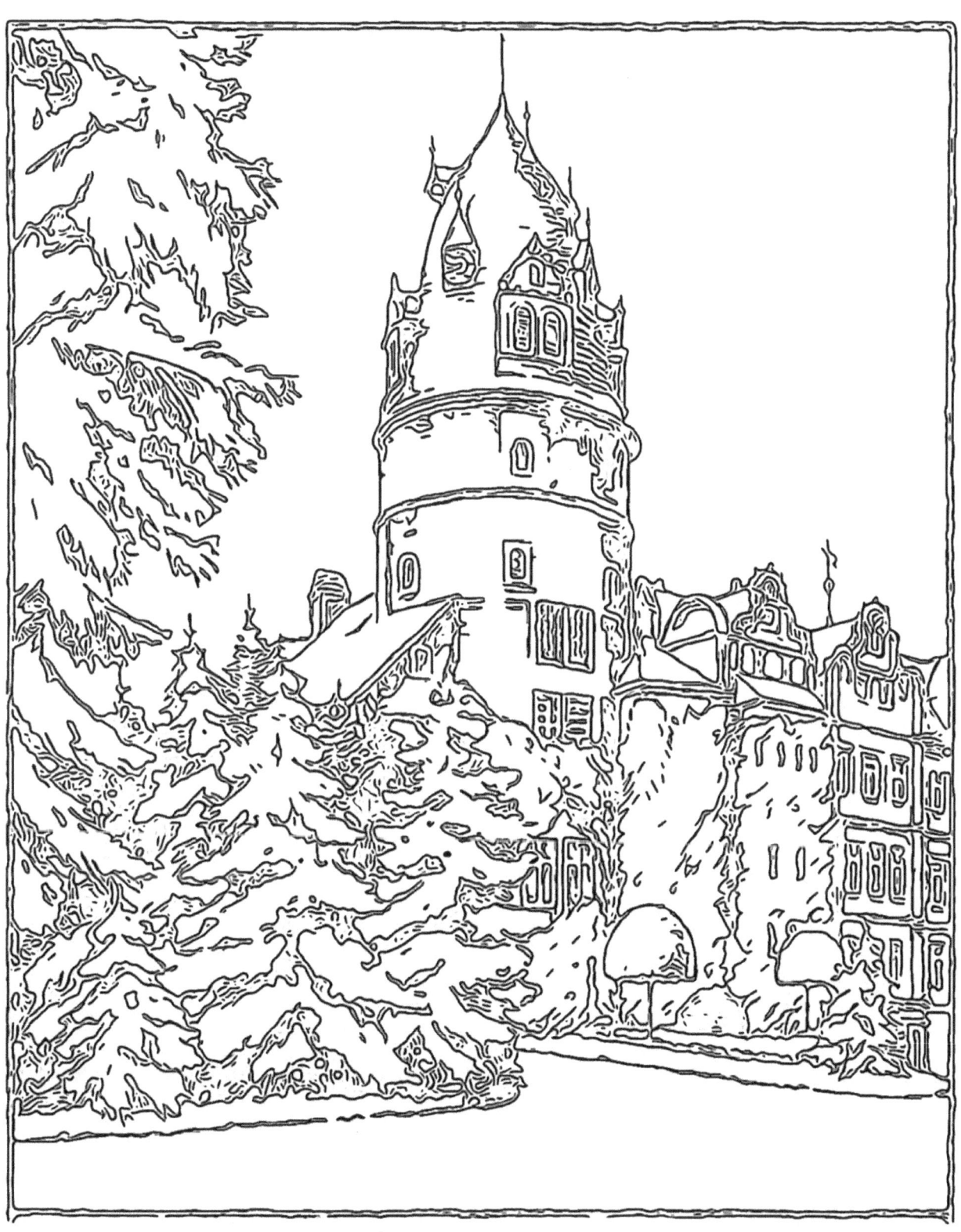

SCHLOSS FÜRSTENAU
IM ODENWALD

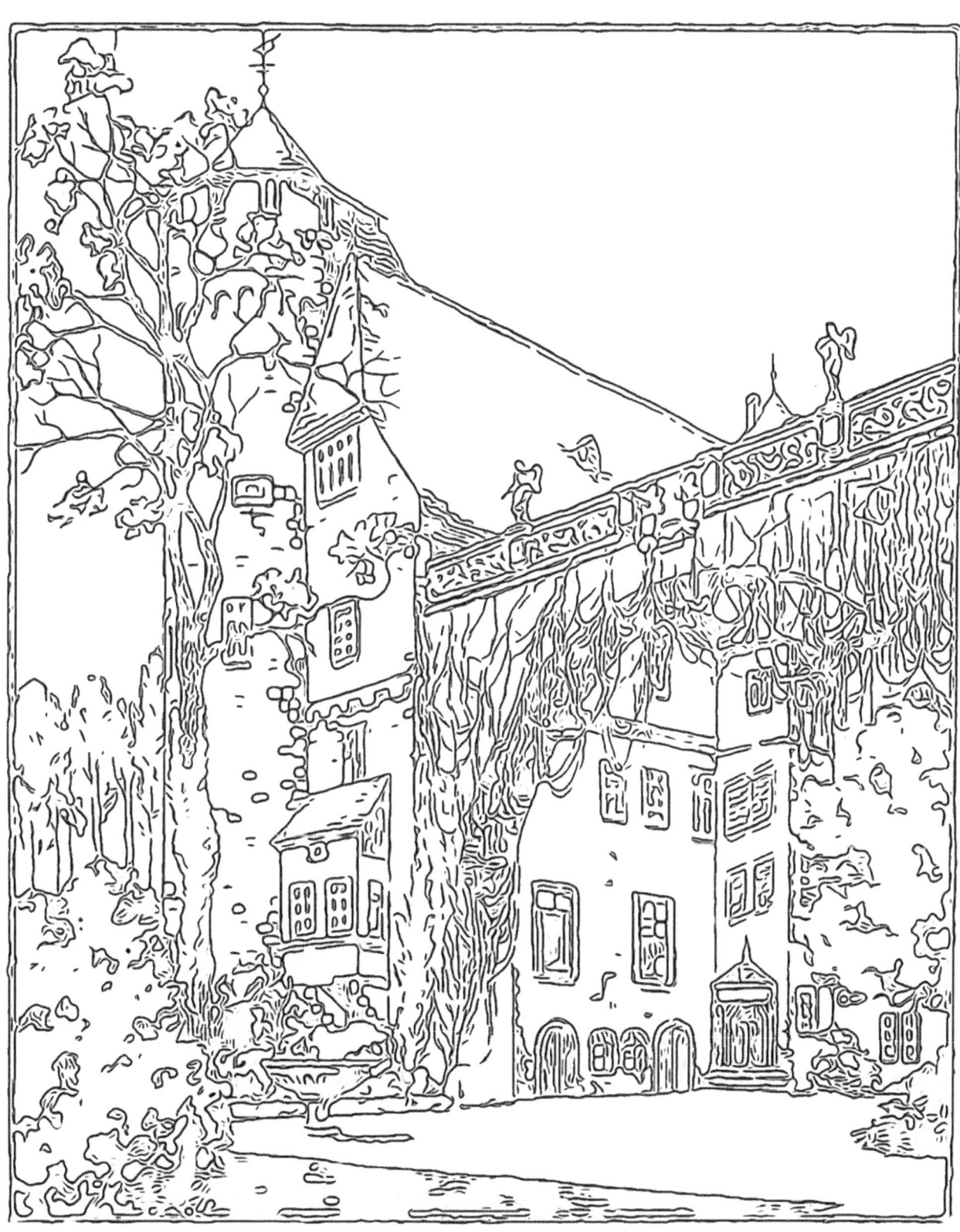

SCHLOSS PARSBERG
IN DER OBERPFALZ

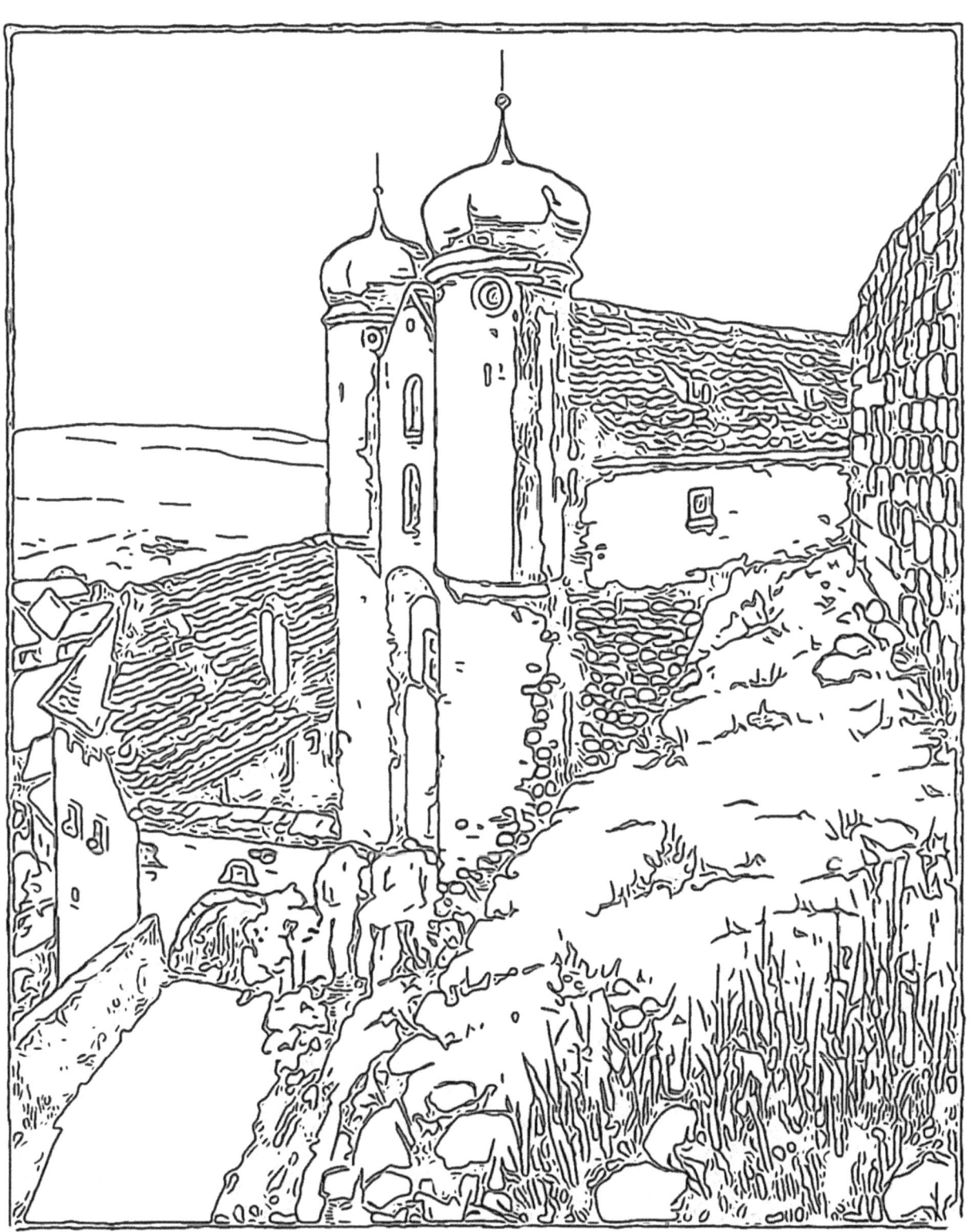

www.ingramcontent.com/pod-product-compliance
Lightning Source LLC
Chambersburg PA
CBHW062208220526
45470CB00009B/2964